NUESTRO GOBIERNO

EL PRESIDENTE

Sara Cucini

LIGHTBOX
openlightbox.com

LIGHTBOX

Entre a
www.openlightbox.com
e ingrese el código único
de este libro.

CÓDIGO DE ACCESO

LBXL6349

Lightbox es una completa soluciódigital para enseñar y aprender temas curriculares de una manera original e innovadora. Lightbox se basa en las Normas Curriculares Nacionales.

OPTIMIZADO PARA

- ✔ TABLETAS
- ✔ PIZARRAS ELECTRÓNICAS
- ✔ COMPUTADORAS
- ✔ ¡Y MUCHO MÁS!

CARACTERÍSTICAS ESTÁNDAR DE LIGHTBOX

- **AUDIO** Narraciones de alta calidad con sistema de texto a voz
- **VIDEOS** Videoclips de alta definición incorporados
- **ACTIVIDADES** PDFs imprimibles que pueden enviarse por correo electrónico y calificarse
- **ENLACES WEB** Enlaces cuidadosamente seleccionados con recursos seguros para niños
- **PRESENTACIÓN EN DIAPOSITIVAS** Ilustraciones gráficas de los conceptos clave
- **MAPAS INTERACTIVOS** Mapas interactivos e imágenes satelitales aéreas
- QUIZ **CUESTIONARIOS** Diez preguntas de elección multiple con puntaje automático que se envían por correo electrónico al docente para su evaluación
- **PALABRAS CLAVE** Combinación de los conceptos clave con sus definiciones

RECURSOS SUPLEMENTARIOS

- **COMPARTE** Comparte títulos dentro de tu Sistema de Gestión de Aprendizaje (LMS) o Sistema de Circulación de Bibliotecas
- **CURRÍCULO** Encuentre correlaciones curriculares Nacionales y Estatales.
- **CITAS** Crea referencias bibliográficas siguiendo los estilos de APA, CMOS y MLA

VIDEOS

ENLACES WEB

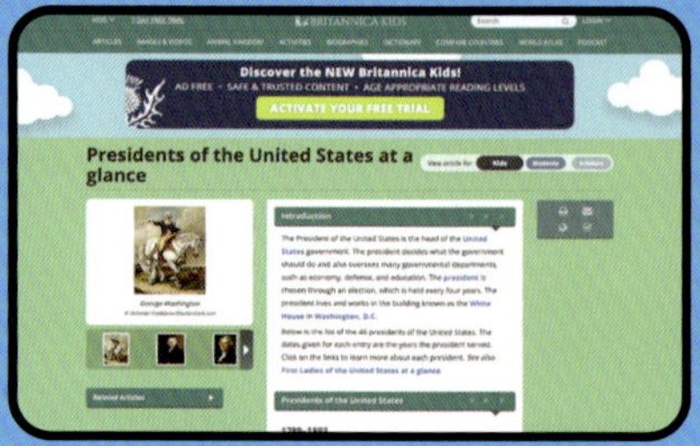

PRESENTACIÓN EN DIAPOSITIVAS

CUESTIONARIOS

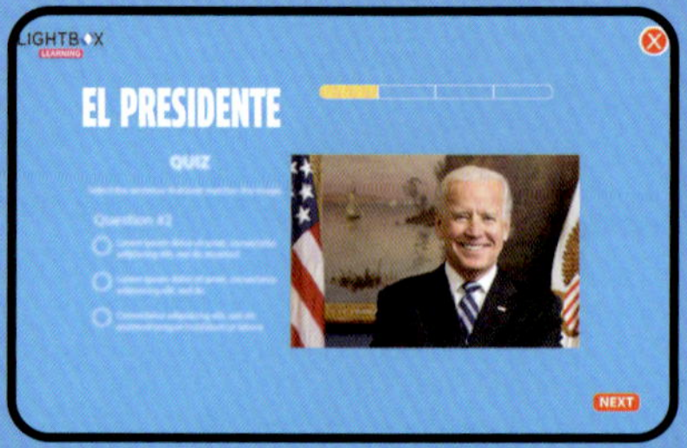

Este título está incluido en nuestra suscripción digital de Lightbox

2

Suscripción en español de K–5 por 1 año
ISBN 978-1-5105-5935-6

Accede a cientos de títulos de Lightbox con nuestra suscripción digital.
Regístrate para una prueba **GRATUITA** en **www.openlightbox.com/trial**

Se garantiza que los componentes digitales de este libro estarán activos por al menos cinco años desde la fecha de publicación.

NUESTRO GOBIERNO

EL PRESIDENTE

Contenidos

Nuestro gobierno

El gobierno federal de Estados Unidos tiene tres ramas separadas que trabajan juntas.

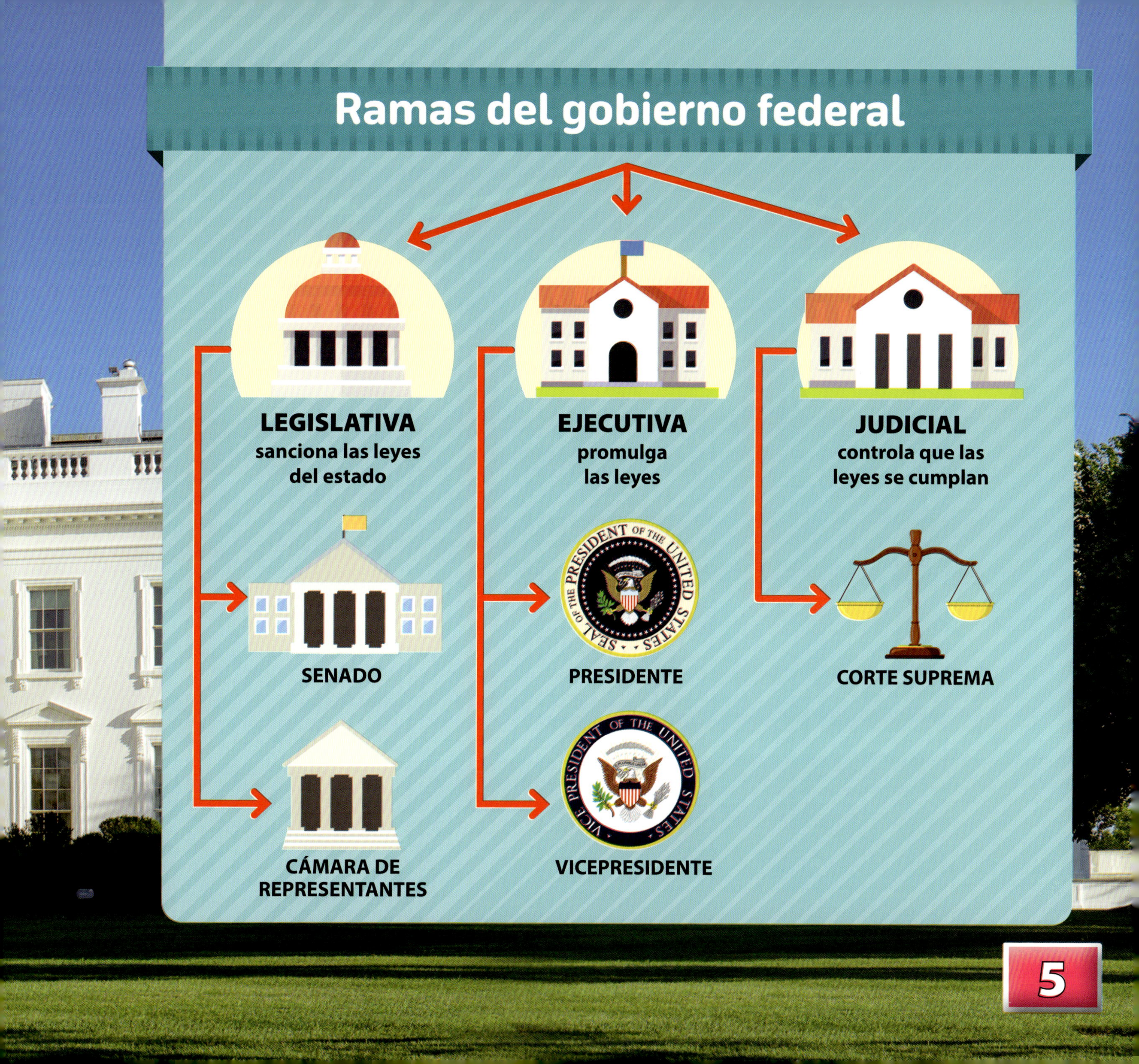
Ramas del gobierno federal
LEGISLATIVA
sanciona las leyes del estado
EJECUTIVA
promulga las leyes
JUDICIAL
controla que las leyes se cumplan
SENADO
SEAL OF THE PRESIDENT OF THE UNITED STATES
PRESIDENTE
CORTE SUPREMA
CÁMARA DE REPRESENTANTES
VICE PRESIDENT OF THE UNITED STATES
VICEPRESIDENTE

¿Quién es el presidente?

El presidente de los Estados Unidos dirige la rama ejecutiva. Tiene la responsabilidad de asegurarse de que se apliquen las leyes del país. El presidente también controla el trabajo de todos los que pertenecen a la rama ejecutiva.

¿Qué hace el presidente?

El presidente representa al pueblo de los Estados Unidos. Es el jefe del gobierno estadounidense. Además, el presidente es el comandante en jefe de las fuerzas armadas de EE.UU.

La historia presidencial

George Washington fue el primer presidente de EE.UU. Desde que George Washington ocupó el cargo de presidente en 1789, han pasado 44 personas por la presidencia de los Estados Unidos.

Récords presidenciales

Primera mujer en postularse para presidente

Victoria Claflin Woodhull se postuló para las elecciones presidenciales de 1872.

El presidente más joven

Theodore Roosevelt tenía 42 años cuando fue electo presidente, en 1901.

El presidente de mayor edad

Joe Biden tenía 78 años cuando comenzó su presidencia, en 2021.

¿Quién puede ser presidente?

No todos pueden ser presidente. Para poder postularse, la persona debe cumplir con tres requisitos.

1

Ser ciudadano estadounidense nacido en los Estados Unidos

2

Ser mayor de 35 años

3

Haber vivido en el país por 14 años seguidos, como mínimo

La elección del presidente

Los presidentes se eligen cada cuatro años. La elección presidencial se realiza siempre el primer martes de noviembre. En todo Estados Unidos la gente vota para elegir al futuro presidente.

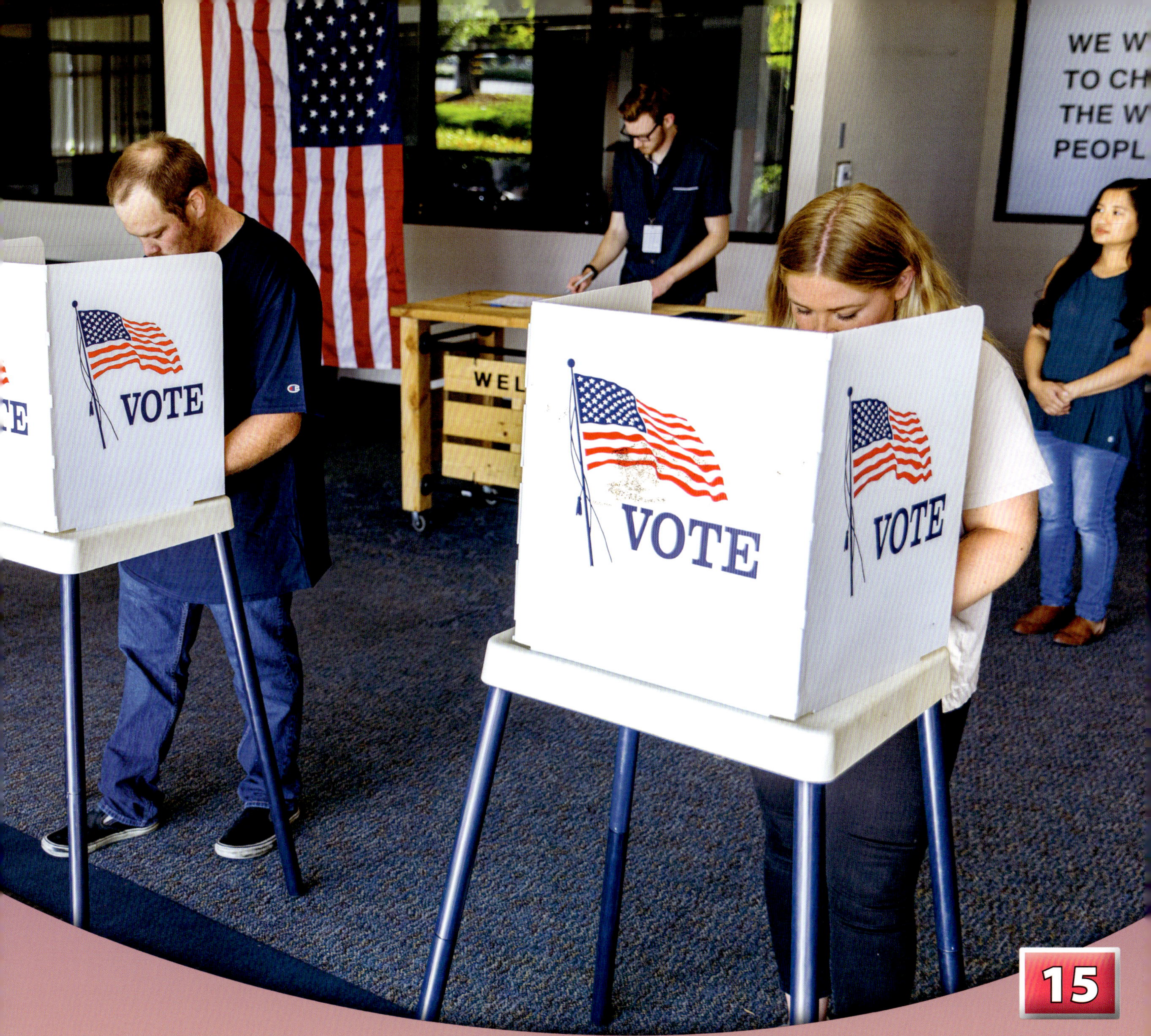
WE W
TO CH
THE W
PEOPL
VOTE
VOTE
VOTE
WEL

La Casa Blanca

El presidente vive y trabaja en un edificio llamado la Casa Blanca.

1792 El año en que se comenzó a **construir** la Casa Blanca

1600 Pennsylvania Avenue NW
La **dirección** de la Casa Blanca, en Washington, DC

1800 El año en que **John Adams**, el primer presidente que vivió en la Casa Blanca, se mudó al edificio.

Promulgando las leyes

El presidente puede firmar los proyectos de ley que sanciona la Cámara de Representantes y el Senado para convertirlos en leyes. El presidente también puede rechazar un proyecto de ley si cree que no es la mejor opción para su país. Esto se llama poder de veto.

SEAL OF THE PRESIDENT OF THE UNITED STATES

Viajando por el mundo

El presidente representa a los Estados Unidos en el exterior y suele viajar para reunirse con los líderes de otros países. El presidente se reúne con estos líderes para solucionar los problemas que afectan a todo el mundo.

EL AVIÓN PRESIDENCIAL AIR FORCE ONE

2 aviones disponibles para el presidente

4 000 PIES CUADRADOS

El espacio total disponible para el presidente en cada avión Air Force One (370 metros cuadrados)

AL MENOS 8 000 MILLAS

La distancia que puede volar cada avión Air Force One sin parar a cargar combustible (12 900 kilómetros)

¿Qué has aprendido?

El presidente es el jefe de la rama ejecutiva.

El presidente representa al pueblo de los Estados Unidos.

El presidente es el comandante en jefe.

El presidente firma los proyectos de ley para convertirlos en leyes.

El presidente representa a los Estados Unidos en el exterior.

VOTE
VOTE
VOTE
VOTE

SEAL OF THE PRESIDENT OF THE UNITED STATES

Published by Lightbox Learning Inc.
276 5th Avenue, Suite 704 #917
New York, NY 10001
Website: www.openlightbox.com

Library of Congress Control Number: 2024933026

ISBN 978-1-5105-8538-6 (hardcover)
ISBN 978-1-5105-8539-3 (static multi-user eBook)
ISBN 978-1-5105-8541-6 (interactive multi-user eBook)

Printed in Guangzhou, China
1 2 3 4 5 6 7 8 9 0 28 27 26 25 24

072024
112023

Designer: Jean Faye Rodriguez
Layout: Ana María Vidal
Project Coordinator: Sara Cucini
English/Spanish Translation: Translation Services USA

Every reasonable effort has been made to trace ownership and to obtain permission to reprint copyright material. The publisher would be pleased to have any errors or omissions brought to its attention so that they may be corrected in subsequent printings.

The publisher acknowledges Alamy, Getty Images, Shutterstock, and Wikimedia Commons as the primary image suppliers for this title.